JN436740

바람에게
말을
걸다

양창삼 시집(詩集) ⑩

바람에게 말을 걸다

그리심
도서출판

바람에게 말을 걸다(양창삼 시집 ⑩)

2017년 8월 5일 초 판 1쇄 인쇄
2017년 8월 10일 초 판 1쇄 발행

지은이 • 양 창 삼
펴낸이 • 조 경 혜

도서출판 그리심
07030 서울시 동작구 사당로2길 72 인정 인정 B동 b-01
등록번호 • 제 7-258호(1998. 4. 23)
출 판 사 • 전화 523-7589 팩스 523-7590
홈페이지 • http://grisim.biz
전자우편 • grisimcho@hanmail.net

ISBN 978-89-5799-386-6 (03810)

머리말

내 안엔 시의 강이 흐른다. 그 강이 얼마나 큰지는 아직 모른다. 어린 시절 시 몇 편을 접하고 너무나 좋았던 과거로부터 잉크로 검게 칠해진 나의 시가 여백을 남기며 서있는 것이 그렇게 고와보일 수 없었던 때까지 시는 나와 더불어 평생을 살아왔다.

시는 바람처럼 몰려오기도 하고, 여울처럼 밀려가기도 하며, 구름처럼 멀리 떠 있기도 한다. 때론 시도 경건해지고 싶어 한다. 그럴 땐 내면의 깊은 생각을 끌어내 상처 난 마음을 덮어주기도 한다. 그러면 온기가 돌아난다.

그렇게 살아온 지 오래되었다. 시도 집을 지어 이사를 한다. 이번엔 열 번째다. 내 생애의 시집이자 첫 책이 나온 이후 모두 748편의 시가 깃발처럼 날리고 있다. 앞으로 몇 개의 시가 더 추가되어 더 많은 깃발을 날리게 될지 그것은 한분만이 아신다. 가능하다면 색색으로 빛나는 깃발이 되었으면 한다. 하나의 색깔로 통일되어야 한다면 가급적 하늘과 통하는 것이있으면 좋겠다.

많은 시를 썼다고 말하겠지만 나는 오늘도 시가 고프다. 그래서 나는 오늘도 시가 흐르는 강가에 나와 하나씩 하나씩 건져 올리는 작업을 한다. 그것은 나와의 긴 싸움이다. 때로는 그 싸움에서 패배하기도 하지만 용케도 시로 탄생하는 모습을 보면 그렇게 기쁠 수가 없다. 그러기에 시 하나하나가 귀하다. 자식을 보며 버릴 것이 없다고 말하는 아비의 마음을 조금은 알 것 같다.

내 나이 젊었을 때 나의 시는 다소 난해하기도 했다. 세상을 얼마나 안다고 그리 어렵게 썼을까 싶다. 그런데 나이가 들어가면서 시가 점점 쉬워져 간다. 그 이유는 잘 모른다. 그것이 좋은지 나쁜지도 말하기 어렵다. 하지만 변화가 있는 그 자체가 좋다. 미숙하던 성숙하던 시 하나하나가 존재 아니겠는가. 그렇게 태어날 이유가 있을 것이다. 미숙을 걷어내고 성숙을 심는 것이라면 더 더욱 좋다.

나는 오늘도 시와 더불어 강가를 걷고 있다. 둔덕에 서면 여울이 보인다. 내가 시가 되기도 하고, 시가 내가 되기도 해서 때론 시와 나를 구분하기 어렵다. 하지만 내가 시와 더불어 있고, 때로는 내가 시가 되어 삶의 한쪽에 서있는 것만으로 행복하다. 더구나 내 생가을 구김 없이 드러낼 수 있기에 감사할 뿐이다.

이번에 쓴 시들을 정리하면서 자연에 관한 것들이 많음을 보았다. 자연 같이 보이지만 꼭 자연을 말한 것은 아니다. 시는 모두 상징성을 가지고 있고, 독자에 따라 그 상징성이 달라지기 때문이다.

이번 시집의 제목을 '바람에게 말을 걸다' 로 정했다. 여러 시중에 한 제목을 따온 것이다. '네 선한 미소에 전율하는 바람이 있을 터이니' 도 좋았지만 밀려났다. 그 어떤 제목을 내건다 해도 그것이 내 모든 시를 대변할 수 있는 것은 아니다. 하나하나가 특색이 있기 때문이다. 하지만 그것이 나를 통해 시로 태어났으니 어떤 제목이면 어떠랴. 모두가 귀한 것을.

앞으로 가능하면 나의 열한 번째의 시집에서 만날 수 있기를 바란다. 그 때까지 이 시들이 여러분을 대접하며 기다릴 것이다. 모든 감사와 영광을 하나님께 올려드린다.

양창삼

차 례

차 례

차 례

바람에게 말을 걸다

1. 문을 열고 밖으로 나가세요

잎 하나
내 가슴에 밀려와 입을 연다.

아팠어요.
수년간이나.
아무에게도 말할 수 없었답니다.
소통은 외출하고 웃음도 잃었어요.
방은 어둡습니다.

이제야
조금 창을 엽니다.
빛이 듭니다.
어딜 향해 고갤 들까요

문을 열고 밖으로 나가세요

가벼운 아픔은 빛에 씻고
찰랑이는 강물에 띄우세요.

크고 무겁다면

묻으세요.

벤치에 앉아
시원한 바람도 맞고요.

위대한 것들은
바위처럼 세우세요.

모두가 보며 말할 겁니다.

우린 모두 잎입니다.
그토록 시리게 삶을 사랑하는 잎

2. 바람에게 말을 걸다

그가 오기 전엔 모두 조용했지. 말이 없었어. 난 그것이 좋은 것인 줄 알았어. 하지만 바람이 내게 다가와 속삭일 때 비로소 소리를 들을 수 있었다. 가늘다 못해 긴 호흡을 담은 소리, 아직도 잊을 수 없다.

내가 주저하고 있을 때 그는 내게 센 입김으로 말하기 시작했지. 사실 무서웠어. 오늘은 그만그만해. 가끔 나뭇잎만 손 흔들며 응답하지. 그래서 바람에게 한 발짝 다가서기로 했다.

난 그에게 말할 줄 몰라. 내 마음을 쏟기엔 너무 가벼워 보이고, 더구나 볼 수 없어 시선을 어디에 두어야 할까 고민이 돼. 그래도 그를 향해 입을 열었지. 너는 날 볼 수 있냐고, 나의 마음을 읽을 수 있냐고.

그는 고개를 끄덕이며 다가오지 않겠니. 우린 서로 포옹하며 말했지. 이렇게 사는 거라고. 그 때부터 난 그를 사랑하기로 했다. 바람아, 나와 함께 저 길을 걷지 않으련.

3. 삶은 자연이다

버지니아 비치 겨울 아침

해는 구름을 뚫고 오르려 한다.
파도는 자꾸만 모래 톱 귓불을 만져대고
배는 수평선을 그으며 항해한다.

사람은 보이지 않고 갈매기가
여기저기 자리 잡았다.
고요가 소리를 친다.

욕심을 내어 나가본다.
하지만 오래 걸을 수 없었다.
겨울은 역시 겨울이다.

폴스 처치 어머니 집

눈을 뜨니 멀리서 동 튼다.
수평으로 빨간 게 경이롭다.
하루가 신비하게 열린다.

쉘터 아일랜드

눈은 땅을 덮고
가지는 하늘을 향해 손을 뻗는다.
나는 말없이 지켜본다.
매운바람이 공간을 스친다.

하얀 아름다움
자연은 그토록 시리고
아름답다
이 순간

삶은 자연이다

4. 하늘은 어찌 이리 자비로울까

자기 생각을 앞세우는 사람은 말하지
나처럼 공정한 사람은 없을 거야

자기 말만 하는 사람도 그래
난 너와 대화가 통해서 좋아

사랑을 말하는 사람도 그러지
내 것 상관 말고 네 것 주란 말이야

신을 팔아 자기 배를 채우는 사람도 그래
나처럼 신을 사랑하는 사람은 없어

희생을 말하면서 희생할 줄 모르고
사랑을 말하면서 사랑할 줄 모르고

신은 인간에게 두 눈을 주었는데
우린 자기밖에 모르는 눈으로 산다.

그래도 지구는 돌아가니
하늘은 어찌 이리 자비로울까

5. 그래 네가 빛이다

밖을 내다본다.
벌써 어둠이 내려앉았다.

어둠이 세상을 덮으면
빛은 더 반짝인다.

여기저기서

그래
네가 빛이다.
세상을 밝히는

네가 있기에
우리 모두
이 저녁 따뜻한 것 아니겠는가

6. 오늘도 간다

때론 불가능하다.
때론 아찔하다.

하지만 때론 장엄하다.
인생은 산 오르기다.

멀리 바라본다.
때론 빨리 올까 두렵다.

그래서 오늘도 눈을 감는다.
인생은 기다림이다.

넌 겹줄로 나를 묶고
난 동아줄로 너를 묶는다.

바라본다. 너를
인생은 줄다리기다.

오늘도 간다.

산 오르며
기다리며
줄다리며

7. 하얀 고통과 심연 사이

외줄에
내 삶이 길게 매달려있다.

하얀 고통과 심연 사이

오르지 않으면 떨어진다.
그것이 현재다.

눈물이
순간순간
빛에 반짝인다.

힘을 내라
위를 보라

끌어주는 이 있어
오늘도
힘차게 빙벽을 오른다.

8. 지금 널 찾고 있어

사람이 좋다.
보이지 않을 때 더 생각나고
그로 인해
내 생각이 더 깊어지는 사람이 좋다.

사람이 좋다.
한 순간도 그로 인해 기쁘고
긴 세월도 그로 인해 기쁜
그런 사람이 좋다.

사람들은 묻지
그게 누구냐고
무엇을 하는 사람이냐고

그러게
내가 그 이름을 안다면
그를 안다 하면
멀리 숨어버릴 지 몰라

찬바람이 일면

혹시 저 숲 사이로 찾아올까
가끔 창밖을 기웃거리지만

밖은 너무 조용하다.

고요가 지난 다음엔
무엇이 올까

다시 그를 기다린다.

이름이 없어
부를 수도 없는
바로 널

9. 당신이 아니었다면

아무도 찾지 않는 때
당신이 나를 부르지 않았다면
지금
이곳에 설 수 없었을 것이다.

당신의 시선이
감동이 되어
냉랭한 가슴을 적시지 않았다면
우리 모두
당신을 그리워하지 않을 것이다.

오늘도
당신이 있어
기쁨이 해처럼 뜨고
감사가 마음을 저민다.

당신이 아니었다면

당신이 아니었다면

우리는 지금
어디에서 무엇을 하고 있을까

10. 어머닌 늘 자식이 그립다

보고 싶어
언제와
구순이 넘어도
어머닌 늘 자식이 그립다.

다 같이 있을 때가 좋아
그 때가 좋아
어머니가 좋아하는 때가 있다.

하나님 잠시 기다려주세요.
그럼 그 때 봐요.
어머닌 오늘도 그렇게 문안한다.

기억이 흐린 날에도
자식 생각은 떠나지 않는다.

시간은
붙잡을 수 없고
자꾸만 간다.

오늘도
그 곱던 얼굴에
그리움이 덕지덕지 묻어있다.

언제 와
보고 싶다.

자꾸만 귓전을 울린다.

11. 쓰고 싶을 땐 써

글을 쓰다 지우고 또 지운다. 역사를 쓰는 것도 아닌데 생각이 무겁다. 오늘은 몇 줄 채우기도 힘들겠다. 그런 날도 있지 뭐. 그래 저 문턱에 나를 조용히 앉히고 무엇을 적으려 했는지 처음부터 셈해보자.

빛이 무릎 위로 조금씩 점령해온다. 무얼 훔쳐보려는 걸까. 그래 몇 가지 일들이 있었지. 그것이 나를 향해 무슨 말을 던지려 했는지 궁금하다. 사실 상당수는 나와 상관이 없어. 그저 내 귀까지 온 건데 왜 내가 그걸 기억하려 했는지 몰라. 하루가 문을 닫고 또 하루가 문을 닫으면 그 기억의 무게도 자꾸 낮아져 언젠가 지난 달력처럼 확 찢길지 몰라.

그 땐 하루하루 적어놓은 저 수많은 약속과 깨알처럼 뿌린 언어가 먼지처럼 날아가 버릴 거야. 그래도 쓰고 싶을 땐 써. 그것이 네 삶을 빛나게 할 역사가 될지 누가 알아.

12. 나는 온통 너로 물든다

너는 너무 귀해서
신은 널 높은 곳에 두었다.
아무도 닿지 않게

하늘이 세수를 한 날엔
넌 그림자조차 남기지 않고 숨지.

그런 날
나는 너 대신 별을 헨다.
별빛이 총총한 밤
누가 그 많은 등을 켰을까

그렇다고 내가 널 잊은 건 아니다.

바람이 널 밀고 올 때
어쩌면 네 고고함에
나는 온통 너로 물든다.

오늘도 말없이
나를 내려다보는 너는 대체 누구냐

하얀
너무 하얀 너

13. 오늘 너 때문에

해질 녘
연변과기대 운동장엘 가면
경이로움에 눈을 크게 뜬다.

쟁반처럼 둥글고
홍시처럼 익은 얼굴에
잠시 산을 괴고 앉아 있는 너 때문에

온 종일 땅을 달구더니
이젠 모두를 향해 손을 흔들며
저편 숲에 지친 몸을 뉘이려나.

그래 가거라.

전에는 용정으로 가더니
오늘은 화룡으로 가려느냐.

오늘 너 때문에
황홀함에

운동장 더 돌았다.
둥글게
또 둥글게

널 바라보며

14. 이젠 네가 참이 되어주지 않으련

숨긴 모습에 마음을 주면 넌 지는 거야. 거짓으로 치장한 가면을 봐. 욕심이 덕지덕지 붙었지만 아무도 그것을 읽을 수 없어. 아니, 몰라. 그저 속는 수밖에. 그래서 지는 거야.

그렇게 사는 것이 편할지 몰라. 진실을 만나면 가슴이 아플 터이니. 그서 참이려니 덮으며 사는 거지. 그래도 마음이 안 놓여. 그만큼 빈 구석이 많아.

가슴은 숭숭 뚫려 있어. 모진 공격을 어떻게 막을 수 있을까. 오늘도 사람들은 먹먹한 가슴 안고 거리를 헤매지만 그 끝은 안 보여. 정답은 얻을 수 있을까. 이 세상에 안전한 방은 어디에 있을까. 아니, 안전한 사람은 어디에 있을까.

넌 오늘 누굴 만났니. 어딜 다녀왔어. 힘들지. 다 힘들어. 그러니 이젠 네가 참이 되어주지 않으련. 밤은 깊은 데 잠이 오지 않는다. 답을 들어야 하는데.

15. 오늘 그렇게 걸으리라

빈 물병을 던지니
구두에 코를 박는다.
녀석아 그렇게도 신고 싶었던 게냐
네 모습이 우습다

미루나무 숲길을 걸으니
속이 하늘로 뚫린다
강아지도 따라와 짖는다.
애야 넌 뭘 보는 거니

지름길 제쳐두고
먼 길 돌아간다
이 사람아 운동이 따로 있나
많이 걸으면 운동이지

생각 닿는 대로
보이는 대로 가리라
둑길이면 어떻고
들판이면 어떠랴

오늘 그렇게 걸으리라

16. 온종일 마음이 짠하다

아내로부터 문자가 왔다.
실시간 배달이다.

왼쪽 아래어금니 두 개 발치했어요.
겁이 나서 당신 오기를 기다리다가
왼쪽 이마 쪽에 계속 편두통이 있어서
결국 단행했습니다.

몇 년 전에 그쪽에 한 개 뺀 적이 있었죠.
그러니 이제 세 개가 비어 있어요.
그 빈 공간이 얼마나 큰지요.
뻥 뚫려 있는 것 같습니다.

일주일 후에는 실밥 빼고
굳어지면 임플란트 할 것 같아요.
서글퍼요.

애구 그리됐군요.
하지만 너무 상심 말아요.
임플란트 할 수 있다는 것만으로도
감사해야죠.

온종일 마음이 짠하다.

17. 잎을 위한 변명

꽃들아
결코 잎을 무시하지 마라
잎이 있어 꽃이니라.

모두가 손끝을 펼치는 날
그 섬섬한 자태에
하늘 심장도 녹아내리지 않는가.

보이는 것이 모두는 아니야
오늘도 태양아래 온 몸을 태우는 이유는
숨겨진 꿈 때문 아니겠니.

그래
그처럼 아름다운 마음이
줄줄이 서있어
살만한 거야.

늘 웃음 지울 순 없지만
바람결에 지친 몸 흔들며
새벽 깨우는 널
눈 부비며 지켜보리라.

18. 오늘도 깃발 곧게 세우며

널 본 순간
넌 나의 사진이 되었지.
마음속에 깊이 간직할 만큼

느낌은 그렇게 온다.

우린 지금도 함께 있어
떨어진 게 아니야

색깔이 달라도
생각이 달라도
널 품을 수 있어 정말 좋다

어떤 상황에서든 절망하지 마
앞을 봐

음표처럼
당당하게 걷는 거야
화음은 언제나 아름다운 거 알지.

시간이 소리 없이 도망해도
난 기억을 놓지 않아.
오늘도 깃발 곧게 세우며
널 생각한다.

바로 너를

19. 오늘 그 소식 들리려나

여름이 쳐들어온다.
점령군처럼
까칠함에 열이 난다.

숨 쉬기 어려울 땐
하늘을 봐야지.
조각구름이 손짓을 한다.

그래 오늘은
그늘이 되어다오.
너로 조금 평안을 얻으리라

벽일랑 터
길을 내고
바람이 그 사이를 채우자.

보이는가
저기
사람이 오고 있다

여름엔
도시도 갈증 난다.
시원한 언어가 폭포처럼 흐르기를
기도하는 사람 있다.

오늘
그 소식 들리려나

20. 말없이 익어가는 네 꿈을 보고 싶다

음악을 파는 집엔
삶의 악보가 있다.

오선지엔
너의 과거와
나의 현재가 걸려있다.

넌 아니
그곳엔 나무가 자란다는 거
음을 먹고 살지

그 가지에 색색 소원이
주렁주렁 달렸다

지금 우리 가지엔
무엇이 달렸을까
궁금하지 않니

소리를 내봐
작아도 좋아
가슴 떨리는 삶의 노래라면

말없이
익어가는
네 꿈을 보고 싶다

21. 허창으로 간 친구에게

허창
난 그곳을 모르네만
넌 그곳에 발을 내려 걷고 있겠지.

어쩌다
구글에 날린 소식 보았지.
여기선 구글이 막히니
하마터면 못 읽을 번했다.

자네 대신 부원장이 고군분투 중이지.
힘들 때가 많을 거야.
답답해서 찾아올 땐 안 됐어.
자네 그 마음 알까

윤삼이도 떠나고 나만 남았네.
가끔 조각공원을 걷다가
우리 삼총사에게 무슨 일인가 생각하지.

어제 자네 집에 있던 큰 그림이
음악실 앞 벽에 턱 서 있더군.

자네가 서 있는 줄 알았어.

어쨌든 그러고 있네.
잘 있게
재미있게 살아.
한어 많이 늘겠네.

22. 목 긴 시인을 향해

시집에 서문을 쓸 때
한 세상을 접는 심정이었지

이렇게
말들을 남기고
다른 세상으로 가는 거야

열 번의 시집에도
서문을 쓰겠지

헌데
난 언제 바뀌는 걸까

목 긴 시인이
나에게 걸어준 말
기억이 나니

이제
다시 볼 수 없는
그 시인의 깊숙한 눈에
시선을 건다.

시가 아침 눈을 뜬다.
인자도 뜬다.

23. 사과를 먹으며

사과를 먹는다.
껍질째 먹는다.

그냥 껍질이 아니다.

한 여름 내내 받은
태양의 뜨거운 입맞춤이다.

비, 바람도 씻겨내지 못한
수줍음이다.

그렇게
익어버린 사랑이다.

기쁨이 터진다.
울음이 터진다.

입 안 가득

24. 삶이 시다

시인은 시를 쓴다.
어디 글만 써야 시인인가
말로도 시가 되고
구름을 벗 삼아도 시가 된다.

화가는 그림을 그린다.
어디 화포에 그려야만 화가인가
가슴에다 그리고
보이지 않는 미래에도 칠을 한다.

들길을 걸으면 시가 되고
산을 걸면 그림이 된다.

삶이 시다.
삶이 그림이다.

네가 바로 시인이다.

25. 지친 마음 세우고 가라

가을이
이별을 준비하고 있다.

낙엽은
미련을 땅에 버리고

바람은
그 등을 어루만지고 있다.

그렇게 가면 안 되지

지친 마음
세우고 가라

혼자 두고 가지 마라

26. 이 순간 너를 기억하고 싶어

엄마 눈엔
한 걸음 뗀 아기가 신기롭다.
두 걸음 하면 가슴이 뛴다.

스무 걸음하면 어떤 느낌일까
그래 삶은 경이로운 거야

너른 들을 만나면 가슴을 열고
내리막길을 만나면 마음 놓지 말거라

힘들면 기대어도 좋아

숨이 가쁘면 멈추고
하늘도 바라봐

마음은 부드럽게 가져
그래야 모든 걸 덮을 수 있으니까

서른 걸음, 쉰 걸음, 백 걸음 가면
뒤뚱이던 네가 아냐

당당해 보여

꽃다발을 받으렴.
이 순간 너를 기억하고 싶어.

사랑하니까

27. 그렇다면 꼭 앞을 바라보고 가렴

인생이 뭐냐고 묻거든
바라보는 거라고 말하게

아침에
바다를 보면
파도 소리에 휩쓸리지.
아니 그런 가 자네도

산을 보면
등성이를 따라 오르는
사람들이 점점이 보여
나도 그 속에 있다.

벼랑을 바라보는 순간
나도 그만
떨어질 것 같아
숨이 멎는다.

그래도 가야겠지
그렇다면 꼭 앞을 바라보고 가렴

길 따라 걸을 것이니

그리고
인생이 뭐냐고 묻거든
그리로 가는 거라 말하게

28. 그래 꽃에서 희망을 건지게

절망이
널 넘어뜨리거든

그 자리에서
꽃을 보거라

꽃은
빛이 쏟아져도 웃고
비가 몰려와도 웃고
바람이 불어도 웃는다.

꽃은 결코 흔들림 없이 피지 않아

소나기에
어깨가 무너지고
통증이 가시지 않아도
웃는다.

혼자 있어도 웃고
함께 있어도 웃지
그래
꽃에서 희망을 건지게

29. 연길의 가을이 그렇게 가고 있다

오늘따라
사과 배 나무 밭이 온통 검붉다

누가 목을 조이는가
낙엽이 피처럼 뚝뚝 떨어져 있다.

이미 열매를 빼앗긴
가지는 빈 둥지가 되었다.

자식들이 떠난 자리에
바람만 스치듯

세월이 무거운가
산등성이도 노랗게 물들었다.

거리를 지키던 나무들도
두 손 번쩍 들고 있다.
넌 무엇에 놀란 것이냐

여기저기 몸 져 누운 낙엽들

난 차마 낙엽을 밟지 못한다.

며칠 지나면
마지막 잎 새만 남겠지.

연길의 가을이 그렇게 가고 있다.

30. 손잡고 생각 키우면

살림은 늘리는 것
가로로 늘리고
세로로 늘리면
언젠가 하늘에 닿으리라

생각은 키우는 것
물도 주고
거름도 주고
그러면 어느 새 어른이 된다.

손은 잡는 것
내 손 잡고
네 손 잡으면
우린 둥근 원이 되겠지.

누가 뭐래도
해는 뜨고
구름은 흘러가지

손잡고
생각 키우면
살림은 느는 거야

31. 나는 겨울밤을 걷고 있다

깨어보니 밤 두 시다
잠이 오지 않는다.
피곤하다더니 무슨 일이래.

종이야 오렴
연필아 오렴
나와 시(詩) 골로 가자

침상에 기대 앉아
시문(詩門)을 두드린다.
아무도 대답지 않는데
생각이 이리저리 굴러간다.

사방은 고요하고
창밖은 겨울로 차다
문틈 비집고 들어온 바람이
자꾸만 손등을 탄다.

커튼은 수문장 되어
창문 좌우에 섰다.

그래 그렇게 서거라.
밤을 지켜라.

등은 방 가득 빛을 쏟아낸다.
너 남의 시 훔쳐보는 것 아니겠지

그래
시는 감출 수 없지.

생각은 여기저기 풀어지고
마음은 한 줄 한 줄 글이 된다.

나는 겨울밤을 걷고 있다

32. 지금 난 날고 있어

지금 난 날고 있어
자유에 업혀

내 열 손가락
하늘 향해
쭉 펴며

마음 조릴 것 없지
누굴 기다릴 것 아니고
무엇을 해야 하는 것도 아니니

가끔
루비 오로라가 피어오르지만
내버려두게

지금 난 날고 있어
깃털처럼

놀라지 말게
가만가만
네 손에 내려앉을 때

33. 화살나무

화살나무

마른 가지가
온통
금빛이다

말리고
또 말리면

언젠가
금이 되겠지

34. 그림 1, 2, 3, 4

그림 1
자연은 때로 신비롭고 아름답다.
당신은 더 그러하다.

그림 2
걷는다.
내 마음의 색 잔디

그림 3
구름이 산허리에 걸렸다.
산은 통째 호수에 잠겼다.
우리 모두 그 사이에 숨었다.

그림 4
안에서 밖으로 세상을 본다.
굴곡이 나를 향해 말한다.
나도 너를 보고 있다.

35. 그러게 내 뭐랬나

그러게 내 뭐랬나
입 꼭 다물면 고집 세진다 했지

그러게 내 뭐랬나
슬픔이 길면 낮이 짧아진다 했지

그러게 내 뭐랬나
욕심낼수록 아프다 했지

그러게 내 뭐랬나
갈 수 없다면 그리워하라 했지

그러게 내 뭐랬나
생각하면 눈물 난다 했지

그러게 내 뭐랬나
사랑 입으면 예뻐진다 했지

36. 행복의 주소를 따로 묻지 말라

봄이 웃는다.
꽃이 웃는다.
갑자기 내 마음이 찬란하다
눈이 부시다.

오월 길을 걷는다.
생각들이
하늘을 향해 높이 솟는다.
그 키를 헤아릴 수 없다.

조각 품 앞에 선다.
버려진 것을 갈고 닦아 빛나게 했기에
자꾸만 눈이 간다.

우리 모두에겐 스승이 있다.
당신도 누군가엔 스승이다.
배움을 주기에

아, 행복하다.
행복의 주소를 따로 묻지 말라.

그것은 아름다움을 느끼는 데 있다.

순간이라도
온 몸으로 빛을 받으며
지금 너와 함께 그 길을 간다.

37. 그렇게 된다면야

시를 쓴다고 했을 때
시인은 배가 고파야 한다고 했다.
그래야 좋은 시가 나온단다.

학문의 길을 간다고 했을 때
교수는 배가 고파야 한다고 했다.
그래야 깊은 학문이 나온단다.

목자가 되고자 했을 때
목사는 배가 고파야 한다고 했다.
그래야 아픈 양의 마음을 안단다.

나더러 배고파야 한다고 하면서
자기도 배고파야 한다고 말하지 않을까

시인이 배고플 때 사회가 맑아지니
학자가 배고플 때 나라가 부해지니
목자가 가난할 때 양들이 편해지니
배고파야 한다고 했다면
좋았을 것을
그렇게 된다면야
더 좋았을 것을

38. 눈부시도록 아름답게

죽어야 죽는 것이냐
잊혀야 죽는 것이지
내가 널 기억하니
넌 아직 살았느니라.

일해야 노동이더냐
쉬는 것도 일이니라.
못 쉬면 걱정의 무게 늘고
잘 쉬면 맑아지느니라.

먹어야만 배부를까
보기만 해도 곡간이 부족하고
바람에도 천리를 가느니
기쁨에 걸음조차 잊느니라.

산을 오르느냐
그 산에 널 주거라.
산이 널 기억하고 꽃처럼 살릴 것이다.

넌 지금 열심히 살고 있다.
주어야 얻고 비워야 사는 오늘을
눈부시도록 아름답게

39. 마침내 민주가 손을 흔든다

우리 모여
다시 삶의 민주주의를 말한다.
서울의 한 점에서

버지니아 울프는 소리친다.
아픈 여자들이어, 글을 쓰라
배움이 모자란다 생각되면
책을 가까이 하라.

국민이란 무엇인가
국민이 정하고 국민이 정하고
국민이 일으키고 국민이 방어한다.
석주 이성룡은 묻는다.
이 나라에 정녕 국민은 있는 것인가

거리를 걷는다.
건물들이 마주 하고 있다.
바람이 소리를 높이면
몸은 비트로 반응한다.

높게 그리고 낮게
도시의 춤이 시작되었다.

마침내
민주가 손을 흔든다.

40. 그래 오늘은 어디에 가고 싶으냐

연변에서 쓰던 치약 세 개가
수명을 다했다.
그래 떠나온 지 그만큼 됐다는 말이지.

세월에 거리가 있다면
얼마나 먼지 재고 싶다.

옷을 걸친다.
오래 따라다닌 친구처럼
찰싹 붙는다.
그래 오늘은 어디에 가고 싶으냐

더워진다.
해는 오늘따라 더 가까이 온 걸까
무슨 말이 하고 싶은 걸까
그 하얀 입김에 땀이 난다.

나무 아래 앉아
겨울을 그려본다.
눈 입은 나무 가지마다

그리움이 솜털처럼 자란다.

너무 조용한 날이면
생각마저 손을 뻗친다.
그래 어딜 못 가랴
가방을 싸라.

41. 르네상스는 그 때부터 시작된다

아우슈비츠에 가면
사진을 만난다.
그 중에 모자 쓴 아이도 있다.

막 이곳에 도착했다.
아버지의 손을 꼭 잡고 있다.
아니, 아비가 아이의 손을 꼭 잡고 있다.
얼마나 두려웠을까.

하지만
아이의 시선이 예사롭지 않다.
많은 생각을 하게 한다.

사람들은 오늘도 아름다움과 쉼을 찾는다.
참 아름다움은 어디에 있을까
참 쉼은 어디에 있을까
"네가 어디 있느냐"

내면의 깊은 성찰을 위한

하나님의 질문이다.
인간을 향한 최초의 질문이다.

이제 인간이 인간답게 답할 차례다.
르네상스는 그 때부터 시작된다.

42. 그러나 더 좋은 것은

아름답다 말하는 것도 좋다.
그보다 더 좋은 것은
삶을 아름답게 그려내는 것 아니겠느냐.

칭찬하는 것도 좋다.
그러나 더 좋은 것은
칭찬받을 일 하는 것 아니겠느냐.

약속하는 것도 좋다.
그러나 더 좋은 것은
애써 지키는 것 아니겠느냐.

사는 것도 좋다.
그러나 더 좋은 것은
바르게 사는 것 아니겠느냐.

글을 쓰는 것도 좋다.
그러나 더 좋은 것은
그 삶을 살아내는 것 아니겠느냐.

생각해보니
그저 부끄럽다.

43. 희망을 들어 올리는 그에게

여름엔 겨울을 그리고
겨울엔 여름을 그린다.

난 지금
캔버스 앞에 서있다.
무엇을 그리려 하나
무엇을 그리워하나

옛것은 멀리 있지 않다.
공간을 내어주고 조용히 앉아있는
고궁처럼.
오늘은 소나무가 수문장이 되었다.
멋있다.

그 한쪽에서
가고 없는 대향(大鄕)을 만난다.
웃음이 절실한 그에게
붓 한 자루 전해준다.
이 너른 세상에 무엇을 그릴까

고목이 나를 부른다.
마른 무릎 위에 애써 생명을 틔운 그에게
이름을 붙여주고 싶다.

희망을 들어 올리는 그에게
그리움을 전하는 그에게
훈장을 주고 싶다.

44. 오늘의 숲 이야기

바람, 나무, 꽃, 풀, 그리고 오솔길
나의 친구들이다.

종일
기다려준
네 이름을 불러본다.

가지는 손을 뻗고
새들은 노래한다.

그래
하늘을 향해 손을 쭉쭉 펴라
열 손가락 모자라게

잎들은 말하곤 하지
뜯기고 구멍난지 오래다
그래도 하늘 보며 산다.

그걸 왜 모를까
하지만 오늘따라 그 상처가 크게 보인다.

마음이 아프다.

작은 잎들이 바람에 인다.
나무 허리에서 갓 태어난 생각들
여리지만 푸르고
곱고 아름답다.

오늘의 숲 이야기
바람에 띄워
당신에게 보낸다.

오늘따라
오솔길이 길어 보인다.

45. 와, 기쁨이 뛰어 온다

공원의 벤치들
그저 자리가 아니다.
가득 채울 자리지.
오늘도 널 기다리고 있다.

삶이 어렵다고 하지 마
우리 모두 이렇게 참고 있는데

가노라면 끝이 보이겠지
길이 좁고 험하면 소리를 질러
막히면 돌아가는 것 잊지 말고

보이니
저기, 저기
두 눈과 가슴과 발
와, 기쁨이 뛰어온다.

두 팔로 안아 봐

눈을 감으면
가끔 바다가 문을 두드리지
라 메르, 라 메르
저 깊고 푸른 바다를 봐

질문을 해도 좋아

바다는 무엇을 먹어
저렇게 푸르고 배부를까
바다 저편엔
무엇이 나를 기다릴까

그것만으로도
삶은 신비야.

46. 이 찬란한 오후에

나비는
삶을 긴 문장으로 말하지 않는다.
날개를 도화지 삼아
소원을 펄펄 그린다.

그리고 소리치지.

그래, 날아라.
하늘을 향해.

바위는
삶을 긴 문장으로 말하지 않는다.
격랑이 몰려와도 겁내지 않고
바다를 향해 장군처럼 서 있다.

그리고 소리치지.

그래, 오너라.
무엇이 무서우랴

이 찬란한 오후에

나비와 더불어 하늘을 날고
바위와 더불어 파도를 맞는다.

모두 외롭지 않다.

47. 침묵의 강이 흐른다

자연의 경이 앞에선
늘 두 눈 부릅뜬다.

그리고 침묵이 흐른다.
놀란 침묵일까
아름다운 침묵일까

그 모습에
자주 가슴이 시리다.

늘 그곳에 서 있는 너.

그리고 침묵이 흐른다.
떨리는 침묵일까
무거운 침묵일까

눈을 들어 하늘을 본다.
그 순간 그곳에도

침묵의 강이 구름처럼 흐른다.
푸른 침묵일까
하얀 침묵일까

48. 자넨 아직 신안에 있는 거야

압해도에서 배를 타고
암태도로 가시게
대교가 시야를 가로 지를 걸세
바다 위에 하늘 길을 여는 거지
곧 새천년을 달리게 될 거야

자은도, 팔금도, 안좌도 돌고
또 돌아
추포리 해변으로 오게나

잠은 중흥리에서 잘 걸세
삶의 중간토막에서
부흥이 일지 누가 알겠나

그리고 쭉 가게
증도, 홍도, 임자도, 흑산도, 비금도

가거도 가면 소식 주고
지도에선 다시 한 번 생각하게

증도, 임자도, 도초도, 하의도, 신의도
장산도 잊지 말게

자넨 아직 신안에 있는 거야
천사의 섬을 돌려면
백년도 짧을 걸세

49. 도대체 무슨 말을 하려는 걸까

여름 호수
그 푸른 가슴에 나를 묻다
지친 손을 적셔도 될까

해변
어미 돌은 새끼 돌 있어 외롭지 않다.

멀리 있는 녀석
곁에 있는 녀석
앞서 거니 뒤서 거니
모두 귀엽다.

모래톱에 온 몸 뉘이며 오늘도 너희들 본다.

사람들 얼굴에
웃음꽃이 핀다.
나도 전염된다.
파도가 자꾸만 손짓한다.

도대체 무슨 말을 하려는 걸까

50. 산상도 수훈도

가난도
애통도
온유도
의주도
긍휼도
정결도
화평도에 사는 자는

천국도
위로도
기업도
부름도
여김도
볼것도
일컬음도
그들의 것임이라

51. 태양은 오늘따라 더 빛나고

하늘이
빛으로 공격을 해 오면
파란 모자로 방어를 한다.
그리고 계단을 오른다.

숲이 나를 반긴다.
바람이 분다.

더위, 피할 수 없다면 즐기는 거야

그 정도는 낭만이지
여름을 녹이는 저 염전을 보게 나

이 짜디 짠 세상에서
소금이 된다는 것
그리고 그것을 만든다는 것
무슨 의미일까 묻지만

이 뙤약볕에도 네 찌든 손과 발이 없다면
그 순간 맛을 잃기에

오늘 너에게 작열하는 눈빛으로
훈장 하나 달아준다.

태양은 오늘따라 더 빛나고
나는 희어 소금이 되었다.

이 여름에

52. 내 안에서도 소리가 난다

조용히 눈을 감는다.
소리가 들린다.

나를 향해 손짓하는 소리
애타게 부르는 소리
벽을 타고 넘어오는 소리

그것은 내 안에도 있다.

미처 끝내지 못한 일들의 아우성
뭔가 의미를 찾으려는 반짝이는 눈빛
모든 것을 잡아들이는 마음의 끝자락

그리고
이 모든 것들을 모아
해석에 해석을 더하는 속셈까지

조용해 보이지만
절대 조용하지 않다.

세상은 소리로 가득하다.
내 마음도 소리로 물결친다.

53. 파도가 여름을 빗질하고 있다

때론 먼 곳에
시선을 걸어 본다.

바다 끝이라면 더 좋겠지.
아련하고 아련해서

섬 그림자 길게 드리운
해변의 오후를 걷는다.

저벅저벅
고요가 깨지는 소리에
새가 놀란다.

저 멀리 회초리 들고
줄지어 선 네가 보인다.

무딘 여름
찰싹찰싹 달래는 너

그렇다고 자리를 비켜줄까

그 옆에서
파도가 여름을 빗질하고 있다.

54. 내일 12시엔 약속이 없다

월요일 12시
약속을 만든 사람은 올 수 없었다.
그의 어머니가 갑자기 돌아가셨다.
초대된 사람들은 주인공 없이 밥을 먹는다.
그래도 얘기를 길게 나누었다.

화요일 12시
고향이 의주인 친구들의 모임에
그곳 출신이 아닌 내가 초대를 받았다.
일찍 떠나온 고향은 많은 얘기를 몰고 온다.
삶이 녹아든 말에 눈시울이 뜨거워진다.

수요일 12시
죽 집에 가려다 시래기 집으로 바꿨다.
양구 시래기가 전주 사람 손에 국으로 변했다.
세 사람이 맛있게 먹으며
먼 나라 얘기로 꽃을 피운다.

목요일 12시
오늘도 약속이 잡혔다.

오늘은 무슨 얘기를 듣게 될까 궁금하다.
사람에 따라 대화가 달라진다.
그게 사람 사는 모습 아니겠나.

내일 12시엔 약속이 없다.
약속이 없어 더 좋다.

성격에 따라 병이 달라.
올 거야 안 올 거야.
건강해야 돼
친구들 말이 귀에 쟁쟁하다.

55. 그렇게 말해도 될까

카페 한쪽 벽에 책이 줄 지어 서 있다. 사람들은 커피를 마시며 삶을 토해낸다. 책에 주목하는 사람은 없다. 오히려 책들이 사람을 보고 있다. 사람들 속마음을 읽으며 한 자 한 자 기록하고 있지. 말없이. 하지만 관심을 주는 사람은 없다. 그래도 될까. 그 속, 속이 아닐 텐데.

섬들이 바다 위에 머리를 곧추 세우고 있다. 목까지 차오른 물에 늘 숨이 가쁘다. 그래도 파도는 매섭게 공격을 한다. 바위는 발톱을 치켜세우며 방어를 하지. 그렇게 밀며 당기며 영겁의 세월을 간다. 그 걸 보며 우리는 아름답다 하지. 그렇게 말해도 될까. 내 사 힘든데.

압살롬이 사람들의 마음을 도적질하기 시작했어. 결국 아버지를 몰아냈지. 다윗의 마음이 어땠을까. 사람들은 말했지. 그는 하나님께 구원을 받지 못한다. 그렇게 말해도 될까. 부채질이 심하다 심해.

다윗은 기도할 수밖에 없었어. 여호와여 일어나소서. 나의 하나님이여 나를 구원하소서. 나도 그랬을 거야. 하늘은 간절한 소리를 외면하지 않아. 도움은 그렇게 오는 거야. 하늘에서 보이지 않게. 빛을 타고.

56. 간섭하면 안 돼

하늘을 보니 구름이 딱 요 바위 모습이다.
하늘과 땅이 통한다는 걸까.
그림으로
아님, 그리워함으로

그 샐 못 참고
파도가 수다를 떤다.
이곳저곳에서 킥킥대는 소리가 높다.

바다가 모두 파랗게 변한다.
그러지 마

나는 그 사일 발 모두고 지나간다.
그래 그게 자연이다.
간섭하면 안 돼.

모래밭도 밟지 마라.

57. 어느 날 다시 우리 그곳에서 만날 때

잎
맨 마지막 처마에 이슬 한 방울 내려섰다.
빛난 눈망울이 고와 시선을 뗄 수 없다.

잠시 숨을 고르더니
아낌없이 땅에 몸을 던진다.
순간 대지는 눈물에 젖는다.
난 널 기다렸어.

이슬의 역사 한 쪽이
오늘 그렇게 쓰였다.
아름답다 못해 빛나기까지 한 너

기억하는 자는
너의 그 찬란한 마지막을 읽으며
아쉬워하지.
그렇게 가고 만 거야.

하지만 놀라지 마라
그 이슬은 순간 하늘로 갔느니

어느 날
다시 우리 그곳에서 만날 때
보리라
그 초롱초롱한 눈망울을

그 카랑카랑한 언어와 함께

58. 그래 고맙다 일기야

중학생이 되자
유월부터 일기 쓰기를 시작했다.

매일 속마음 열어놓고 너와 대화를 하는 거지.
아무렴 친구가 필요했던 게야.

칠십 넘은 나이에 그걸 한 장 한 장 펴본다.
어린 나이에 무슨 고민을 그리 달고 사나
공부가 뭔데 그리 목숨을 걸었던고
절로 웃음이 나온다.

철자는 왜 그리 신경을 안 쓴 거야
'나은' 이 뭐야 '나는' 이지
과거가 쑥스럽다.

감사하게 또박또박 쓴 이름도 보이네.
기억하고 싶었던 게지.

초등학교
1학년 1반 권형로 선생

2학년 2반　박우정 선생
3학년 2반　조성호 선생
4학년 2반　왕병환 선생
5학년 2반　김준영 선생
6학년 1반　김준영 선생

중학교
1학년 1반　허재욱 선생

지금은 하늘로 간 친구의 이름도 보인다.
오늘 그 일기가 사서가 되었다.

그래 고맙다 일기야
그 이름 모두 지우지 않고 고이 담고 있어서.

59. 가을이 자꾸만 색을 토해낸다

가을을 입에 문 바닷가
사람으로 붐비든 여름옷을 홀랑 벗어 던지고
햇살 부시게 홀로 몸을 태운다.

그 사이로
바람만 바삐 오간다.

눈앞에서
구름, 바다, 모래가 선을 긋고 있다.
위로 구름이 강물처럼 흐르고
아래로 모래가 황금물결 이루며 반짝인다.

그 사이로
바다가 살짝 짙푸른 길을 낸다.

강태공이 돌바닥에 앉아
세월을 낚고 있다.
나는 그를 낚는다.
주위를 둘러보니

온통 색이다.

지구는 물감이다.
아니, 조물주의 팔레트다.

가을이 자꾸만 색을 토해낸다.

60. 우리 그렇게 가자 너랑 나랑 그랑

너랑 나랑 그랑

걷고 또 걷는다.
어느 땐 계곡도 마다하지 않는다.

오손 도손 가면
숨이 차지 않는다.

느영 나영 그랑 또 그랑

앞서거니 뒤서거니
가노라면

들꽃이 웃음을 뿌린다.

너의 샘 같은 언어에
찌든 마음도 씻긴다.

우리 그렇게 가자
너랑 나랑 그랑
이 너른 대지 위
그 높은 하늘 길도

61. 여주에서 만난 가을

시월 이십칠일 정오 세종대왕 능 집합
지령문이 내려졌다.
가을 길 달려 여주에 왔다.

능엔 이미 가을이 자리를 깔고 앉았다.
소나무들이 단풍을 벗 삼아 춤을 추고 있다.
서있던 나무들도 넋을 잃는다.

사람들이 자꾸자꾸 밀려든다.
축제가 열린다.

꽃과 나무들이 깃발을 높이 세운다.

거꾸로 머리 풀며 손짓하는 너
온 종일 열 손 하늘 높이 펴 열심히 기도하는 너
빨간 향기에 취하도록 내버려 두는 너

그렇게 오손 도손 사는 네가 부럽다

돌아오는 길에
감자, 호박, 고추, 모과가 날 따라온나.
가을이 몰래 내민 사랑이다.

그 풍성한 소식을 너에게 전한다.
여주에서 만난 가을을

62. 고향을 떠난 사람은 고향을 잊지 못한다

을지로 안동장
아버지와 함께 한 추억이
간판처럼 달린 곳.

난 오늘 그곳에 있다.
내 몸도
절대 세월에 밀리지 않는다.

자장면을 먹으면
아버지가 더 생각날까

주인에게 물었다.
왜 안동장이예요?
중국 지명이랍니다. 단동의 옛 이름이지요.

3대째 가업을 이었다.
고향을 떠난 사람은 고향을 잊지 못한다.

그래
우리 모두
질긴 끈으로 이어진 사람이다.

63. 가을이 불타고 있다

가을이
불타고 있다.
색색 붉다.

덩달아
세상도 타고 있다.
요란스럽다.

호수도
거울을 들고 섰다.
그 얼굴이 온통 붉다.

나도 붉어진다.

64. 귀를 열어 네 소리를 담는다

나는 이름 없는 공간
오늘 너를 위한 자리를 마련했다.
아주 널찍이

두려워 마렴
너를 향해 열려 있으니

팔을 벌려 너를 환영하고
귀를 열어 네 소리를 열심히 담는다.

진실이 만날 때마다
빛이 찬란하게 떨어진다.

네 눈빛이 예사롭지 않다.
사랑스럽다.

65. 그 모습만으로도 아름답다

자연은
모두 함께 함으로 아름답다

높음과 낮음
차가움과 따뜻함
하늘과 땅
저 깊음까지

어디 그뿐이랴
너와 나까지
주저 없이 안는다.

우리 모두 하나 되어
한 곳을 바라보는 순간

하늘은 더 파란 호흡을 하고
땅은 금빛 칠을 한다.

건드리지 마라.
그 모습만으로도 아름답다.

66. 아름다움은 다시 촉이 되어 빛나리

떨어진 나뭇잎 사이로
뼈만 남은 나무들이
여름 내 키운 근육을 자랑하고 있다.

잎들은 바닥을 딩굴며
바람 소리 따라 더 크게 운다.
배반자.
입에서 쓴 소리가 난다.

하지만 나무들은
끄떡도 하지 않는다.
그래봐야 네 손해야.

태양은 눈을 부라리며
빛을 쏜다.
눈이 부시다.

나무는 한 가지로 말하지 않는다.
이 가을, 우리는 과연 나무의 마음을
편하게 읽을 수 있을까

입을 다문다.
그리고 다음을 기다린다.
기대의 깃발을 높이 세운다.

아름다움은 다시 촉이 되어 빛나리.

67. 네 푸른 꿈이 바람 따라 기뻐 소리 칠 때까지

솟아라
하늘 높이

네 푸른 꿈이
바람 따라 기뻐 소리 칠 때까지

세워라
하늘 높이

네 여린 소원이
깃발 되어 쉼 없이 나부낄 때까지

보아라
하늘 높이

네 순한 기개가
온 하늘을 하얗게 물 드릴 때까지

68. 내 마음은 파란 빙산이야

지금 내 마음은 아무나 쉽게 올라 올 수 없는 파란 빙산이야. 밖은 너무 추워서 생각마저 얼어버렸어. 보게 나 저 모습을. 가끔 펭귄이 뒤뚱이며 올라오지만 낮은 계곡에서 맴돌고 있어. 내 손을 뻗혀 그를 잡을 수도 없지. 난 이대로 억겁의 세월을 업고 살지.

그래도 괜찮아. 너무 나를 슬퍼하지 말게. 이렇게 한 밤을 지나면 해는 또 다시 뜨고. 나를 온종일 바라보지. 때론 그 빛이 천사처럼 내려와 속삭이지. 마음 한쪽이 그만 녹아내리는 바람에 내 몸이 조금씩 사그라져. 그렇다고 그 빛에 내 마음을 완전히 내어 줄 순 없어. 내가 어떻게 지켜온 성인데 항복해.

그런데 말이야. 그 빛을 받아 내 몸은 영롱하게 더 빛나지 않겠어. 너무나도 파랗게 말이야. 그 땐 나조차 황홀해져. 내가 무슨 공주라고 화려하게 입고 서 있는 것 있지. 사람들이 가끔 나를 찾아와 경이롭게 바라보지. 그 모습에 난 또 넋을 잃는나네. 내가 그래도 되는 거야? 그래도 되는 거냐고.

69. 아름다움으로 경이로움으로

앞엔 작은 산들이 검은 옷을 입고 서 있다. 그 뒤로 좀 더 키 큰 산들이 다소 옅은 옷을 입고 서 있다. 마치 후견인처럼. 그래 조금만 움직여봐. 네 모습이 아름다운지 보고 싶어.

맨 뒤엔 더 큰 산들이 병풍처럼 서 있다. 저 산들은 누굴까 궁금하다. 왜 멀리 서 있는 거니. 나를 향해 무어라 말할 것 같아 왠지 망설여지지만 매서운 자락은 볼 수 없어 그냥 아름답게 봐주기로 했다. 그래 조금이라도 마음을 열면 되는 거야.

이 모든 산들 앞엔 바다가 있다. 물결 마디마디에 빛 서린 모습이 예사롭지 않다. 때론 그것이 노래로 들린다. 여울이 있다면 좀 좋았을 것을. 바다는 마치 달빛에 취한 듯 소리가 없다. 바다에 박힌 산들이 그것을 그냥 보고 있다.

그래 바다는 산이 있어 아름답고, 산이 있어 바다는 더 그림 같은 거야. 난 너희 보고 있어. 하늘도 파란 데 모래는 희게 빛나고. 온통 내 마음도 파랗게 칠을 한다. 너와 하나 되고 싶은 거겠지. 그래 우리 하나 되어 세상을 놀라게 하자. 아름다움으로, 경이로움으로.

70. 크리스마스카드

사랑하는 어머니
주님 안에서
기쁨의 성탄 인사 올립니다.

지금까지 지켜주신
하나님께 감사드려요.

어머니,
힘드시지만
우리 주님이 있어 기도하고
찬양할 수 있어 좋습니다.

더 건강하시고,
새해에는 어머니의 기도에
더 힘 있기를 소원합니다.

메리 크리스마스

어머닌
지금 세월이 무겁다.

카드야
어서 어서 날렴.

71. 나무야, 나무야

나무야
두 팔 벌려
겨울 하늘에 수를 놓거라.
아름다운 꿈이 바람에 휘도록

나무야
네 가는 손가락 모두 벌려
하늘에 소원을 쓰고 또 쓰거라.
네 곧은 마음이 바람에 지워지지 않도록

나무야
네 꿈에 나의 것 엮진 않겠다.
하늘 높이 우뚝 선 너로 인해
난 오늘 너무 행복하다.

그토록 청명한 날에
그토록 파란 날에

내 가슴에 바람 스치고
빛이 쏟아진다.

네 꿈이 빛 되는 날

이 겨울나무 아래서
널 우러러 본다.
이렇게

72. 심장이 뛴다 기쁨이 뛴다

이 아침엔
저 시골 교회 종탑에서 울리는 소리를 듣고 싶다.

순진무구한 아이가 되어
저 아련한 과거와 손잡고 노래하고 싶다.

사랑으로
이 구겨진 사회를 펴고 또 펴는
당신이 있어

오늘은
조용히 무릎을 꿇어도 마냥 좋은 날이다.

광야의 이스라엘은
이 아침에 무엇을 받고 싶어 했을까

저 중세의 아낙은
어떤 노래를 듣고 싶었을까

지금 난

저들의 손을 잡으며 빛 속을 걸어간다.

저 찬란한 종소리 들리는가.

우리 귓가를 때리며
마구 달려오는 저 소리

심장이 뛴다.
기쁨이 뛴다.

하늘에선 구름이 춤춘다.

73. 오늘 눈은 내 가슴 위로 내린다

눈 소식이 몇 장 날아든다.
교정이 모두 하얗다.

눈이
하늘 구름 안고 뜰에 내려앉았다.
찬바람이 허파 속 깊이 파고든다.

금방
작은 그리움이 파편처럼 깨어난다.

이런 날엔
사람을 만나는 것이 좋다.

수도자를 만나면
나도 수도자가 되겠지

대화를 하면
언어가 가슴을 열고
내 안으로 저벅저벅 걸어온다.

굳이 말할 필요는 없다.
그래도 햇볕은 우리 식탁에 가득하다.

만난다는 것
함께 할 수 있다는 것만으로
때로 행복할 때가 있다.

내 눈엔 눈이 보이지 않는데
자꾸만 창밖에 눈이 내린다.

오늘
눈은 내 가슴 위로 내린다.

74. 천국 도서관 방문기

어제 밤 모두 잠든 사이
천국 도서관엘 가지 않았겠나.

하도 조용하기에 아무도 없는 줄 알았는데
글쎄 모두 날 읽고 있지 않겠니.

순간 난 책이 되고 말았다.
그것도 아주 작은 책

천국 도서관에서
가장 큰 책은 생명책이다.
하도 커서 한 쪽 넘기기 어려운데

그걸 생각만으로 넘기는 이 있어
모두들 놀라지 않을 수 없지.
종이가 살아있어 더 놀라고

도서관이 얼마나 크냐고.
하도 커서 날아다녀야 해

책들도 한 군데 있지 않아
둥둥 떠다녀
읽고 싶은 사람 만나면 얼른 손을 잡지
책이 사람을 알다니 이상하지 않니

빛이 하도 밝아 밖을 보려는 순간
그만 잠에서 깨어나고 말았지

그래 언제 너와 함께 가는 날
읽고 싶은 책 찾아 날자구나.

75. 그래 오거라 겨울을 뚫고

조용히 물어본다.
왜 겨울은 우리 곁에 오래 머물까

강둑에 서서
봄을 기다리기엔
너무 먼 시간을 한줌 쥐어본다.

바람도 내 곁에서 쉬어 가는가.
길어진 숨에
찬 기운이 매섭다.

긴 세월 허공에 달린 마지막 잎 하나
언제 떨어지나 지켜보고 있다.

그래도 이 밤을 지나면
새 아침이 우리를 맞겠지.

단 꿈 하나
더 열릴까 싶어
마음 문 활짝 열어본다.
빛이 마구 쏟아진다.
그래 오거라
겨울을 뚫고
바람을 뚫고

76. 그래 넌 희망이다

각 뜬 하늘의 빛 조각 하나
산 정상에 뜬다.

보석처럼 빛나는
눈동자는 무엇을 말하려는 걸까

저 아래 호수는
그 모두를 품어 더 환하게 웃는다.

오늘이 가면 내일이 오고
한 주가 가면 다른 한 주가 찾아오겠지.

그 때까지
하늘이 빛을 내어줄까
마음 조리지 말자.

저 높은 곳엔
밤마다 별빛 뿌리며 축제를 벌이고
낮엔 태양을 띄워 환호한다.

빛 한 조각에 감사하면
이 땅에
더 큰 조각이 비처럼 쏟아질 거야

그래 넌 희망이다.

77. 그래서 아름다운 이름이다

여기
바람이 매서운 땅에서
치열하게 살다간 사람들이 있다.

그들의 이름이
한 자 한 자 더해질 때마다
가슴은 더 뜨거워진다.

그대 옆을 지날 때
시선은 더 엄숙해지고
걷기조차 조심스럽다.

오늘
당신 앞에 앉아
또 생각하노라
삶을 지켜보노라.

당신은
그저 있는 이름이 아니다.
우리를 타이르고

또 생각하고 생각하게 한다.

그래서
아름다운 이름이다.

그래서
살아있는 이름이다.

78. 그래 사랑하라 찬란한 네 삶을

새가 난다.
새 하늘, 새 아침 위로
두 팔 펴고

너는 찾지
그건 아무도 모르는
꿈이 아니겠느냐

더러운 마음으론
건져 올릴 수 없어

긴 호흡 마다하지 않고
저 하늘 끝을 날겠지

그래
사랑하라
찬란한 네 삶을

하루가
너와 함께 비상하리라

79. 난 너를 사람이라 부른다

난 너를 아련함으로 읽는다.
차가운 듯 보이지만 차갑지 않다.
멀리서 보면 아름답다.
크게 보면 아련하다.

난 너를 그리움으로 읽는다.
없다가도 안개 되어 나타나고
내 생각 끝을 살짝살짝 잡아 흔든다.
숨어있는 너를 불러볼 수 없어 그리운 게다.

난 너를 소리라 읽는다.
기쁨으로 듣고자 할 땐 머리 숙이고
슬픔과 손잡을 땐 머리 들게 하는 소리
오늘도 그 소리에 잠을 깬다.

난 너를 사람이라 부른다.
삶을 사랑하고
사랑을 사랑하고
그래서 아련하고 그리운 사람이다.

80. 그건 원래 없는 거야

너는 나를 향하고
나는 너를 향한다.

코가 시리다.
목 줄기가 시원하다.

누가 보고 있다.

하늘은 땅을 향하고
땅은 하늘을 향한다.

새가 사이를 뚫고
선을 긋는다.

구름이 이불을 편다.

시간은 가는데
그 모습은 보이지 않는다.

그건 원래 없는 거야
사람들이 만든 거지

자연은 흘러갈 뿐이야

하늘로 땅으로
너와 나 사이로

81. 하루를 여는 기도

언제나 주의 풍성함으로, 사랑으로 우리를 채워주시는 주님, 이 하루를 주님과 함께, 사랑하는 여러 지체와 함께 시작하게 하심을 감사드립니다. 우리가 힘써 드리는 찬송과 기도, 그리고 생활예배에 이르기까지 삶의 곳곳에서 주님을 기억하고 주께 영광 드리며 감사가 넘치게 하옵소서. 아무리 세상이 어지럽고 험난하다 해도, 아무것도 보이지 않는 어둠과 절망 가운데서도 주님을 놓치지 않게 하시고, 주님으로 인해 가슴 뛰는 하루되기를 소원합니다.

한결같은 사랑으로 우리를 붙드시는 주님, 우리가 함께하는 시간과 공간에 복에 복을 더 하사 날로 풍성케 하시고, 우리가 오직 하나님의 사람들로 서게 하옵소서. 우리가 어디에 가든지 주의 날개아래 두시며, 하늘의 지혜를 허락하사 그곳에서 하나님의 나라를 세우는 사람 되게 하옵소서. 연약한 우리에게 힘을 더 하사 배움의 기쁨이 넘치게 하시고, 하루마다 삶의 모습이 달라지게 하옵소서.

우리 모두 하나님의 자녀임을 고백합니다. 오늘 하루도

주의 자녀로서 지치지 않는 열정과 감격으로 살게 하옵소서. 주님으로 인해 우리 안에 생명이 넘치고, 내일이 희망이 되게 하옵소서. 주 예수 이름으로 기도하옵나이다. 아멘.

82. 네가 빛이라면

네가 빛이라면
내 마음 속 깊이 쏟아져라
지금

네가 물줄기라면
목마른 대지에 길을 내라
어서

네가 소리라면
외로움에 지쳐가는 자에게 가라
당장

네가 금보약이라면
상처가 깊은 곳으로 가라
얼른

네가 위로자라면
눈물이 연못이 된 자에게 가라
냉큼

83. 꿈이 서린 곳마다

간밤에 누가
내 후원에
푸른 돌촉 가지런히 놓았나.
너, 내 눈에 초롱초롱 빛난다.

에덴이 어디냐고 묻지 마라.
생명나무들이 줄줄이 서있고
빛이 춤추는 그곳이려니

꿈이 서린 곳마다
무지개 길게 핀다.
곧 날개가 되어 날리라

시선 머무는 곳마다
느낌이 춤을 추고
기대가 수수처럼 자란다.

그래도
밤이 오면 몸을 낮추 거라
마음 어두운 곳에
둥근 달 하나 더 높이 띄우게

84. 그래, 오늘은 파도 따라 가자

파도는 쉬지 않고 나를 찾아온다.
열 손가락으로 기인 해변을 누비며.
그 치열함에 난 숨을 곳이 없다.

오늘은 그에게 몸을 맡기리라.
나를 끌고 저 바다 속으로 들어간다 해도
숨을 꾹 꾹 참으리라.

눈을 감아도 소리가 들린다.
나를 안심시키려는 게지.
끊이지 않는 노래에
자연은 고개를 숙인다.

파도는 쉬지 않는다.
생각은 뒤로 밀리고
과거는 산이 되어 섰다.

그래, 오늘은 파도 따라 가자.

85. 그날 밤 꿈의 계곡은 푸름으로 가득했다

나는 종종 파란 꿈을 꾼다.

밤하늘 보며 묻는다.
너, 푸른 달이 가능할까

그 순간
눈동자가 보석처럼 빛난다.
파란 메시지가 뚝뚝 떨어진다.
기쁨은 눈물로 번진다.

그래, 이름을 부르는 것만으로도
때론 가슴이 떨리지.

폭포 앞에 서서 묻는다.
너, 푸른 계곡이 가능할까

그 순간
빛이 되고
강물이 되고
바람이 되어 흘러간다.
그날 밤
꿈의 계곡은 푸름으로 가득했다.

꿈은 꿈으로 좋다.

86. 포자가 터지는 그날이 오면

내 잎에 포자가 줄줄이 박혀있다.
언젠가 터트릴 꿈들이라
오늘따라 색이 진하다.

내 눈이 이상한 건 아니겠지

무엇을 하느냐 묻진 마
그것이 피울 생명으로
난 지금 희망을 낚고 있느니

삶은 늘 말하곤 하지
균형을 잡아야 해
너울이 올지 몰라

그런데
사람들은 지금 서 있기도 힘들어
소리를 지른다.

그래도 마주하고 잡아주면
서로 하나가 되지 않겠니.

바람이 불어
넘어져도
상처가 나도 기뻐하자

포자가 터지는 그날이 오면
우린 아주 멀리 멀리 날아 갈 거야.

87. 자연은 속이지 않는다 느낌까지도

빗줄기들이 자꾸만 몸을 던진다.
화살이 되어

땅은 눈물로 가득하고
하늘은 눈을 감는다.

어둠이 짙다.
슬픈 어둠이다.

오늘따라
가슴 속 깊이 비가 내린다.

어디 그뿐이랴

등도
하얀 빛을 던진다.

태양의 사신이
우리 곁에 섰는가.
생각이 선 따라 흐른다.
얇은 생각은 웃고
무거운 생각은 침울하다.

자연은 속이지 않는다.
느낌까지도

88. 거리도 때론 교실이 된다

길을 나선다.
천천히
가끔 하늘을 보며 걷는 거야

공사장 길로 들어가렴.
벽면에 글이 길게 서있다.

“사람은 망설이지만 시간은 망설이지 않는다.
잃어버린 시간은 되돌아오지 않는다.”

벤자민 프랭클린이 왔었나보다.
그래 망설이지 말자.
거리도 때론 교실이 된다.

뒤돌아 광장을 향한다.
지도가 보인다.
서울서 예루살렘까지 8,071km

갑자기 궁금해진다.
주님과 나의 거리는 얼마일까

바람이 스치듯 지나며 묻는다.
도대체 넌 누구냐
그거야 난 그대로 나지

손을 펼치렴.
몸을 움직여
그렇게 가는 거야

오늘은 나니까

89. 아름답다 말하기엔 곱디고운 너를

누가 이 자연에 색칠을 해놓았는가
그 현란함에 금방 눈이 먼다.
네 기교에 나는 점점 작아진다.

자연은 있는 그대로 말할 뿐
결코 숨기지 않는다.

가끔은 비틀어 말해야 이해하기 어렵고
신비가 묻어있는 것 아니겠느냐

그래도 내 말은 듣지 않을 심산이다.

세월이 늘 정겹게 흘러가는 것은 아니지만
때론 네가 곁에 있어 외롭지 않다.
오늘처럼 네 모습 한 조각 건네주면
배고프지 않을 거다.

생각이 파랗게 밀려오면
난 금방 새가 되어 떠날 것이다.

모래 위에 남긴 발자국이 그토록 선명한데
저 파도가 애써 그것을 지우려 하겠지.

그래도 난 너를 보고 있다.
아름답다 말하기엔
곱디고운 너를

90. 슬픔은 꽃잎 되어 날리리라

너는 유영하는 꿈이 되어 나를 찾아온다.

빛은 늘 높은 곳에 떠
자꾸만 아래로 닻을 내린다.

그래 더 이상 숨지 말자.

너와 내가 만나는 순간
우리 안에 깊게 담긴 숨이
노래처럼 피어오른다.

금모래가 빛에 젖는다.
눈시울이 붉다.

네 손이 바람처럼 얼굴을 스치고
가슴 아파하는 우리 모두를
저 하늘 끝까지 이끄나니

슬픔은 꽃잎 되어 날리리라

너는 보이지 않는 천사다.
순간순간 악한 자의 허리를 모두 꺾는다.
그 용맹이 우리를 덮을 때
고통은 녹아 계곡을 누비리라.

91. 빛이 오른 창에 마음을 더하니

빛이 오른 창에 마음을 더하니 색이 뜬다. 경이롭다. 다음엔 무엇이 나올지 더 궁금하다. 그렇다고 얼른 보고 싶다 재촉하진 마시게. 그건 새벽이라는 색이야. 잠 못 이루는 사람만 잠시 볼 수 있지.

오늘은 자그마한 것에도 자꾸 감사하다는 생각이 들어. 이 아침을 맞는 것도 그렇고. 이 순간 이 자리에 앉아 있는 것만으로도 기뻐. 모두 삶이 주는 기회 아니겠나. 그것을 주신 분이 있기에 더 감사한 거지.

실은 어머니가 입원을 했어. 세월의 무게를 감당하기 힘드신 게야. 멀리서 온 나를 알아보면 좋으련만 자꾸만 눈을 감으신다. 제트 랙에 걸리신 건 아니겠지. 손을 만져본다. 지금 어머니가 내어줄 수 있는, 아니 내가 가질 수 있는 최고의 선물 아니겠나.

조금 지나면 태양은 어둠을 완전히 걷어내고 중천을 향해 달음박질하겠지. 그러나 너무 조급해 하지 말게나. 난 멀리 가지 않을 거야. 잠시나마 이 자리를 지키셨네. 생각나면 오세나. 신비의 색 하나 끼내주겠네.

92. 그 때 우린 모두 기지개를 펴겠지

지금 나를 봐
부드러운 시선이 아니어도 돼.
조금은 의아스러워도
한 발 다가가고 싶은 정도면 어떨까.

세상은 말라가고
때론 쩍쩍 갈라지는 소리가 들려.
하늘에서 비가 내리지 않는 것도 아닌데
어쩌다 이토록 힘들게 되었을까.

기쁨이 문을 닫고 있는 것 보이나.
밤차를 타려는 것이지.
안녕마저 막차를 타면 안 돼.
하나라도 단단히 붙잡게나.

그리고 아침을 기다리자
해는 틀림없이 우릴 깨우러 올라올 거야.
그런 친구가 있다는 것이 얼마나 다행인가

그 때 우린 모두 기지개를 펴겠지.

하늘을 향해
너를 향해
쭉쭉

지금 나를 봐.
부드러운 시선이 아니어도 돼.
조금은 의아스러워도
한 발 다가가고 싶으면 돼.

93. 폭포

오늘도
너를 향해 길을 낸다.
아래로
아래로

계곡을
비틀고 또 비틀어
마침내 긴 눈물을 쏟아낸다.

하얀 슬픔이
떼 지어 오른다.

온 몸이
감격에 젖는다.

94. 삶은 던지는 거야

조금만 더 힘을 내
긴 호흡으로
세상에 쉬운 것은 없어
또한 큰일 날 것도 없지.
그러니 마음을 다스리게나.

묵묵히 가자고
함께 해서 좋지 않니

두려워하지 않고
이 순간을 지켜낼 수 있다면
발을 구르며 마구 소리 질러도 좋아.

그렇게 해.

삶은 던지는 거야
꿈을 펴 고기를 잡는 거지

그 땐 고개를 숙이지 마.
네 앞에 너른 바다가 있으니

95. 기쁨이 작은 불꽃처럼 터지고

참 오랜 만에 과거를 찾았다. 길이 서툴까 싶어 내심 걱정했는데 기억은 녹 쓸지 않았다. 그 많던 논길은 지워지고 건물들이 자리했다. 전철이 철렁거리며 나를 깨운다. 그래 난 너를 뚫어지게 보고 있다.

앞자리에 앉았다. 시선은 돌고 도는 길을 따라가기 바쁘다. 광장이 되어버린 입구가 입을 크게 벌리고 있다. 그래 들어와. 조심스럽게 발을 댄다. 순간 나는 사람들 속으로 빨려 들어간다. 그래 이거야. 산다는 것이.

오월의 첫날이면 이곳은 늘 부산했지. 오늘이라고 다르지 않네. 꽃들이 온 동네를 점령하고 말았어. 넌 어디에서 온 군대인가. 나팔도 불지 않았는데 모두를 묶어 버렸으니. 그래도 누릴 수 있는 자유를 던져주는 너를 누가 막겠는가.

한 걸음, 두 걸음 떼어본다. 그러면 너를 만날 수 있겠지. 성난 얼굴은 싫어. 빗진 모습도 싫어. 웃는 얼굴이 부끄럽다면 그냥 서 있게. 몇 년을 기다린 사람처럼. 그것으로 족하지 않겠나. 네 모습 그대로가 좋아.

너를 느낄 때마다 이곳이 바로 천국 아니겠나 싶어. 내 이름을 불러주지 않아도 너와 함께 있는 것만으로도 기쁨이 작은 불꽃처럼 터지고 있다. 언제 다시 너를 볼지 모른다. 그래도 네가 있다는 것만으로도 행복할 수 있다. 너는 결국 나니까.

96. 때론 생각이 무겁다

햇살이 아침을 뚫고
내 발 아래 떨어진다.
금새
금빛이 퍼진다.

이곳저곳이 흔들리기 시작한다.
무엇에 놀란 걸까

꽃은 나팔을 불고
잎은 손을 쭉쭉 편다.

이 특별한 아침에
난 무엇을 할까
아니, 누구를 향해 종을 칠까

의문과 질문이 질주한다.

나는 생각한다.
때론 생각이 무겁다.

97. 오늘은 네가 있어 좋다

열 살이 되었다.
산 하나 넘었나 싶었지.
그런데 계곡을 벗어나지 못했다.
바위에 앉아
모진 소리를 들었다.

스무 살이 되었다.
젊다 생각했지.
그런데 걷기조차 힘들었다.
구름은 하얀 웃음을 지었지.
난 아직 그 의미를 모른다.

서른 살이 되었다.
우뚝 서리라 했지.
그런데 서로 안아야 했다.
가을 운동장에서
미친 호각 소리 들으며

마흔을 넘었다.
이젠 사람이 되어야겠지.

그런데 아무 소리 들리지 않는다.

놀라지 마
네가 오고 있다.
오십을 넘어
백을 뛰어오르는 너

기쁨이 손짓을 한다.
그래 너다.
찬란한 너.
오늘은 네가 있어 좋다.

98. 바람이 세차게 불어도

나의 공화국은 소나무다.
하늘을 향해 촉을 내며 산다.

기둥은 껍질을 잃은 지 오래다.
그래도 가지는 검다.

팔은 세월을 놓이고
눈은 하늘을 향했다.

바람이 세차게 불어도
난 땅을 버티며 나라를 지키고 있다.

팔이 비틀리는 한이 있어도
나라를 잃지 않으리라.

공화국의 꿈은
꺾이지 않으리라

99. 살려다오 내가 욕심을 꿈꾸었노라

안개가 계곡에 자리를 편다.
바람은 정지를 거부하고
생각은 밀려
결국 산을 넘는다.

안개가 파도처럼 구비 친다.
그 위에 배를 띄울 수 있을까

순간
나는 파선하고
온 몸은 안개로 점령당한다.
포로는 호흡이 가쁘다.

살려다오.
내가 안개바다에서
욕심을 꿈꾸었노라.

100. 네 이름은 코스모스다

얼굴에 코스모스가 핀다.
부끄러운 볼엔 더 활짝 핀다.

하늘을 향해 웃음 띠고
조그만 바람에도 흔들리며
열손으로 환영하는 너

길가에서든 들녘에서든
궂은 자리 마다하지 않는 너에게
오늘 무슨 이름표를 달아줄까

아름답다 하기엔 골목이 비좁고
들꽃이라 하기엔 너무 싸다.

그리움에 목마른 아이는
늘 너를 찾지.

네 기쁨 한 아름 따
가을 하늘에 뿌린다.
하늘도 꽃밭이 되었다.
손 흔들 때마다
얼굴 숨기느라 바쁜 너.
그래 넌 날 알기라도 하는 거니.

101. 네 선한 미소에 전율하는 바람이 있을 터이니

꽃은 어디 꽃밭에서만 피라 더냐
돌담이어도 좋다.
가난한 돌담이어도 좋다.

크지 않아도 좋다.
연약하면 더 좋다.

그래 노랗게 웃어라
네 선한 미소에
전율하는 바람이 있을 터이니

102. 때론 네 아름다움이 날 아프게 하지

가끔
빛바랜 과거를 꺼내본다.
내 눈이 순간 이동을 한다.

그리움의 촉수가 뻗히면
두 볼에 색이 돋지.

추억이 눈처럼 내린 곳엔
천천히 걷자.

그래 지금은 어떻게 사니
속으로 물어본다.

생각이 날개를 펴며
너른 하늘을 난다.

때론 네 아름다움이
날 아프게 하지.

오늘
널 위해 무슨 시를 주문할까

103. 손을 흔들지 마라 계곡이 소리칠 때는

이끼는 세월을 먹어 파랗다.

소원을 접어 하늘에 알릴까
꼭꼭 숨겨둘까

길목마다 고추 선
추억 사이로 잔 기억이 뚝뚝 떨어진다.

물은 깊을수록 검고 고요한데

나무는 산을 오르고
생각은 계단을 오른다.

손을 흔들지 마라
계곡이 소리칠 때는

104. 새 날이 우리를 깨울 때까지

아침이 밝게 웃는다.
잎마다 윤기 가득하다.
시작이 좋다.

구름이 손짓하면
그를 맞으러 높이 오르리라.

비가 온다 해도
그와 더불어 춤을 추리라.

어둠이 지친 몸으로
문을 두드리면
그를 눕히고 평안을 주리라.

오늘은
우리가 서로 손잡을 수 있는
마지막 순간이려니

내 어찌 너를
기쁨으로 안지 않으리.
새 날이
우리를 깨울 때까지.

105. 구름을 보며

너는 층을 이루며 행진한다.

낮게 흘러 땅을 정찰하고
높게 흘러 군대를 이룬다.
간극이 있어도 넘보지 않는다.

너는 서로의 경계를 넘지 않는다.
한 치도 흐트러지지 않고 하늘을 유영한다.
그래도 누구 하나 남을 모함하지 않는다.

빛을 받을수록 희어지는 너
눈이 부시도록 아름답다.

너에게도 가는 길이 있겠지.
그 길을 따라 가면
무엇을 만날까 궁금하다.

내 손을 뻗혀 너를 잡는다.
어느 새
내가 조각구름이 되었다.

106. 보라색 꿈 서린

너를 보노라면 나를 생각한다.
너에게도 내가 있겠지.

생각하면 한 발짝 아름다워지지.
순수할수록 빛이 나지 않겠나.

너의 밖과 나의 안
나의 안과 너의 밖

생각하는 순간
밖은 안이 되고 안은 밖이 된다.

별은 늘 우리 안에 자리한다.
다독이고 감쌀 때
우리는 그림이 된다.

옥이 따로 없다.
네가 옥이다.
보라색 꿈 서린

107. 너른 하늘에 꽃처럼 피거라

하늘엔 별이 수없이 달려도
무거운 기색 하나 없다.

어깨에 올려진
몇 개의 아픔만으로도
그토록 가슴이 아픈데

넌 참 장하고 아름답다.
네가 있어 오늘이 더 환하다.

버겁단 생각일랑 비우고
거목처럼 기꺼이 자리를 내어 주리라.

그래, 나를 밟고
너른 하늘에 꽃처럼 피 거라.

108. 꽃 그림 앞에서

미소는 가는 나를 붙잡고
꽃처럼 나를 향해 섰다.

향은 방울 되어
가슴에 뚝뚝 떨어진다.

정중한 하늘과 빛나는 햇볕
맑은 소리가 함께 자리한다.

그 앞을 걸으며
숨 깊이 들이킨다.

멀리 있어도 넌 멀지 않고
가까이 있어도 가깝지 않다.

넌 이미 그림이 되었고
난 지금도 널 기다린다.

109. 초록 빛 나는 삶이 놀라워

누구에게나
삶의 두께라는 것이 있지.

긴 고통의 두께
짧은 희열의 두께
그리고 그 중간을 오가는 두께들.

그런데 오늘
너를 보며 삶을 다시 생각한다.

모두들 자기 삶의 짐이 무겁다고
손사래 치는 세상에서

남의 아픔까지 덮고
생명을 티어 내는 네 삶의 두께가
정말 존경스럽다.

정오를 지나 늦은 오후로 가는 나이에
초록 빛 나는 삶이 놀라워
너를 뚫어지게 바라본다.

좀처럼 보기 어려운 날에
너를 보는 기쁨에
바람이 춤을 춘다.

110. 나는 작은 조각배입니다

흰 집은 강렬한 햇살을 반사하기 위함입니다. 나도 모래를 금빛으로 태우는 햇살을 만나면 흰 옷을 입을 겁니다. 그는 더 강렬해지겠지요. 그 땐 검은 선글라스를 쓸 겁니다. 모두를 가리기 위해. 세상은 뜨겁습니다. 여름엔 더 기승을 부리지요. 그래도 내가 할 수 있는 것은 이것들 뿐입니다. 그것을 동원하는 것이지요.

나는 돛대도 없이 떠내려가는 작은 조각배입니다. 파도는 나를 두렵게 합니다. 무서운 얼굴로 나를 노려봅니다. 그 위에서 난 초라합니다. 하지만 난 하늘을 바라볼 수 있는 힘 때문에 바다를 누를 수 있지요. 바다는 늘 나를 거북하게 생각합니다. 그래도 난 그를 사랑합니다. 그를 떠날 수 없다는 것을 바다도 알지요.

안개가 내려오고 있습니다. 내 인생에 안개가 낍니다. 그 공교한 손놀림에 난 넋을 잃고 말지요. 지금 나는 나랑 놉니다. 나는 나와 늘 마주하고 있습니다. 때론 어릴 적으로 돌아가고 싶습니다. 어머니의 손도 그립습니다. 하지만 어미는 날 알아보지 못합니다. 한 동안 난 혼자일 것입니다. 작은 조각배처럼 떠서 뜨거운 햇살로 몸을 데우며 오늘 한 가운데 서 있습니다.

111. 저는 이 자리가 좋습니다

사람들은 말하지요. 거짓말 하지 말라. 인사도 잘하고 일찍 일어나 청소도 해야 한다. 요리를 할 땐 시간을 들이고 정성을 들여야 한다. 사람들에게 감동을 주는 요리를 해야 해. 그런데 전 요리를 할 줄 모릅니다.

사람들은 말하지요 잘 해야 한다. 잘 살아야 한다. 요리를 할 때 이런 저런 양념도 넣어야 해. 고추장도 간장이 들어가야 맛있다. 양념에 따라 사는 맛이 달라. 그런데 고백할 것이 또 있습니다. 전 양념을 잘 모릅니다.

사람들은 말하지요. 하늘을 보며 살아야 한다. 이 땅은 믿을 게 못돼. 그런데 전 허리를 굽히느라 바쁩니다. 땅에 뭐 떨어져 있나 궁금하기 때문입니다. 그런 식으론 부자가 될 수 없다고 말합니다. 그런데 말입니다. 전 부자가 될 생각은 없습니다. 그저 궁금한 거죠.

사람들은 말하지요. 넌 가진 것이 없다고. 그래서 무엇을 할 수 있느냐고. 하지만 가진 것이 없는 사람은 처음부터 시작할 수 있지 않겠습니까. 전 오카리나를 불 수 없습니다. 연습해본 일이 없으니까요. 하지만 그 합창은 너무 좋아합니다. 전 그것만으로 충분합니다.

사람들은 말하지요. 아랫물은 윗물을 거슬릴 수 없다고. 저도 압니다. 거꾸로 사는 인생이 얼마나 어려운 것을. 저는 자금성에서 살 생각은 없습니다. 내가 세상의 중심이다 소리치며 나설 생각도 없습니다. 저는 지금 서 있는 자리가 좋습니다. 별들이 나를 내려다보고 있는 것만으로도 행복합니다.

112. 아름다운 시로 부활하는 거야

생명은 어둠만으로 살 수 없어
빛을 초대한다.

희망도 거짓으로 장식할 수 없어
진실의 방문을 수락한다.

기적이 일상이 될 수 없기에
하늘을 향해 은혜를 구하고

겸손과 온유를 낳기 위해
순수의 깃발을 더 높이 세운다.

평안을 풀면
노래는 축복으로 바뀌고

생명이 또 다른 생명을 낳으며
내일을 초대하겠지.

거짓이 불안과 함께 쫓겨나는 순간
평안이 순수와 함께 진실의 문으로 들어선다.
빛이 하얗게 쏟아지는 이 아침
기적이 큰 눈으로 우리를 지켜본다.

지금 우리는 다시 태어나는 거야.
아름다운 시로 부활하는 거야.

113. 그 무거운 소원 하나쯤 놓고 가렴

보일 새라 들킬 새라
접고 또 접어
꽁꽁 묶어 놓았다.

풍선처럼 날고 싶은 데

누가 그 목 메인 소원 풀어줄까
비, 바람에 씻겨도
바램은 그대로 남아 있다.

산도 힘들어
턱을 괴고 앉아있다.

그걸 아는지 모르는지
나무는 산을 오르고 또 오른다.

그리운 것은
멀리 가도 그립고
가까이와도 그리운 것이러니

이젠
그 무거운 소원 하나쯤 놓고 가렴

내 그걸 펴며
네 푸르디푸른 꿈을 읽으리라

불러도
더 부르고 싶은 때가 오면
너는 노래가 되어 하늘을 날 것이다.

누가 찾아올 것만 같은 이 오후
산은 안개에 가리고
멀리서 천둥소리 소리 들린다.

114. 내 너 어이 알랴만

간간히 비가 내린다. 어느 땐 온순하고 어느 땐 사납다. 내 너 어이 알랴만 그런 줄 알고 참지. 내 인내력도 그 땐 더 강해진다. 넌 내가 매일 읽어야 할 교과서 한 쪽이 되었다.

때로 난 좀 거룩해지고 싶어 한다. 오늘 같은 새벽은 더 그래. 그런데 넌 꼭 그 때 날 요란하게 방해했어. 한 순간에 날 비 맞은 생쥐로 만들었다. 너 질투가 심한 것 아니니. 하지만 오늘만큼은 너를 기다린 농부를 생각해 참는다.

비가 온다 해도 간다는 친구들 말에 의리의 깃발 높이 세우며 산자락 탄다. 그런데 어인 일일까. 그렇게 네가 온순할 수 없어. 내 친구 앞에서 착해지기로 작심한 거니. 비야, 네 결심 참 놀랍다.

그래도 네가 오면 한 가지 좋은 것 있지. 여름이 금방 숨는 거야. 더위는 바람에 실려 어디론가 가고, 나는 숨을 쉬러 나오지. 그런데 며칠 내린 너의 흔적으로 인해 난 한 방에 날아갔다. 세상이 온통 미끄럼틀인 거야. 날 보고 웃어선 안 된다. 넌 결국 날 속인 거야.

115. 눈을 감는 이유

눈을 감는다.

소리 없이
빈 들녘에 눈이 내린다.

보이니
시오리쯤 떨어진 과거가
손 흔드는 모습

알아 볼 수 있을까
느낄 수 있을까
그 조린 마음 누가 읽을 수 있으랴

그런데 난 미래를 만나기 위해
이곳에 서 있다.

어제도 왔고
오늘도 기다리지.
마치 기다리기 위해 태어난 것처럼

그가 오면 무엇이라 말할까
어떤 모습으로 그를 만날까
궁금한 것이 많다.

눈은 미래로 열려있어
과거는 늘 섭섭하다.

이젠
지금의 모든 것과도 작별해야겠다.
사랑의 이름으로

그래서
오늘도 눈을 감는다.